# 상처 위의 꽃

364 · 문학공간시선

# 상처 위의 꽃

남경희 시집

한강

시인의 말

미안하다
고맙다
사랑한다

이 단어들의 위력을 알면서
내가 아껴 왔던 말

그 말
먼저 나누는 시인이 되어

편하고 가벼운 마음으로
구름처럼 흘러가자.

2019년 3월
남 경 희

남경희 시집

상처 위의 꽃

차 례

□ 시인의 말

## 제1부 경계에 서다

겨울의 긴 시간 ── 13
겨울이 가져다주는 것 ── 15
경계에 서다 ── 16
계절 ── 18
나의 만찬 ── 19
너의 겨울 ── 20
만추 ── 21
밥을 삼키는 이팝나무 ── 22
별을 가슴에 달고 ── 23
비움 ── 24
새앙손이 ── 25
순간 ── 26
어디로 갈까 ── 28
엉겅퀴 ── 29
인생의 봄날 ── 31
추사 ── 32
탓하지 않으리 ── 33
행복 ── 35
회유하는 한 마리 연어 ── 36

**상처 위의 꽃**    남경희 시집

## 제2부 상처 위의 꽃

- 41 —— 가을 산
- 42 —— 그 생의 풍경
- 43 —— 그리움을 사랑이라고 한다
- 44 —— 그리운 이름
- 45 —— 나를 잊지 마세요
- 46 —— 너에게 가는 길
- 47 —— 님
- 48 —— 동백꽃 그 얼굴
- 49 —— 마음자리 하나
- 50 —— 바람꽃
- 51 —— 방문객
- 52 —— 별 깊은 밤
- 54 —— 봄이여
- 55 —— 상처 위의 꽃
- 56 —— 소리새
- 58 —— 아무도 돌아오지 않는 밤
- 59 —— 이별
- 60 —— 적요의 공간
- 61 —— 휴
- 62 —— 개여울
- 63 —— 고백

남경희 시집 　　　　　　　　　상처 위의 꽃
　　　　　　　　　　　　　　　　차 례

## 제3부 문을 열어 두면

내게 온 편지 —— 67
달빛은 나를 비추고 —— 70
돌 —— 72
마당에 그린 그림 —— 74
만월이 하늘에 떴다 —— 75
매지구름 —— 76
무념 —— 78
문을 열어 두면 —— 79
밥을 먹으며 —— 80
비단향 꽃무 —— 82
새벽에 걸린 달 —— 84
세상의 등불이 되어 —— 85
수행 —— 87
스님의 옷자락 —— 89
어머니의 소박한 밥상 —— 91
참회록 —— 93
청류 —— 95
팔자 —— 96
한복집 춘자씨 —— 98
호미 —— 99
부모 —— 100

**상처 위의 꽃** 남경희 시집

### 제4부 영혼의 의자

103 ──── 고독한 등을 보이며
104 ──── 공
105 ──── 길
106 ──── 꽃사슴
108 ──── 나를 부르는 바다에서
109 ──── 녹물
110 ──── 누에
111 ──── 마지막 잎새
113 ──── 모시나비 잠들다
114 ──── 사랑하는 그대여
115 ──── 산비둘기
116 ──── 석간송
117 ──── 심성
118 ──── 영혼의 의자
120 ──── 월연정
121 ──── 율객
122 ──── 찬밥
123 ──── 해넘이 바다
125 ──── 흰 손
127 ──── 짐

▫해설 | 기 청

**1**

경계에 서다

# 겨울의 긴 시간

납작 엎드려 밤을 이고 달린다
고요한 바람들이 요절夭折하듯 쓰러진다
창밖의 별들이 사활死活을 다해 달려온다
나는 아무것도 잃지 않았지만 고독하고 아팠다

무엇이 나의 한생을 갈아엎고서
들녘의 찬서리 내린 땅을 짓밟았다
뭉개지고 다치고, 뼈아픔을 안으로 쓰다듬다 보니
어느새 중년이 되었다

아프다는 말을 하지 못했다
그리고 돌아앉아 밤을 지켜보았다
늘 어둠이 밀려왔지만 버텨 보았다

내 편이라는 것을 잃은 지 오래지만
신은 내게 힘을 내라고 말했고 나는,
문턱을 넘으며 낮은 자세를 배웠다
그러기에 가끔 기어가는 벌레가 되고,
밟고 간 발자국의 상처로 남기도 했다

나는 이 밤을 벌레처럼 갉아먹고
배부른 등을 두드리며 소리 없이 잠이 든다.

## 겨울이 가져다주는 것


나무들이 욕심을 털어내고
홀로 서서 수양을 하는 계절이다

새들도 바다를 홀로 거닐며
지나온 시간을 반성하는 시간이다

겨울은 모두가 저 혼자 견디며 성찰하는 계절이다

그만큼 물뿌리를 단단히 매어 둬야
봄 오는 길에는 찬란히 꽃 피는 일이다.

# 경계에 서다

돌부리에 걸려 넘어져 손을 다쳤다
손끝에서 머리까지 아픔이 오는 동안
하얗게 지는 벚꽃을 보았다
순간의 이동이 이렇게 빠르다는 걸
어린 날의 얼굴이 이미 늙어 가고 있는 것이다
관계는 어렵다
손과 손등이 맞닿아질 수 없듯이
아무리 손바닥의 길을 보여 줘도 손등은
핏대만 올리며 자신을 고집한다
과거를 내세우며 맞서는 혈투
경계에 서서 손바닥 뒤집듯 말하는 모순들이
불나방처럼 달려든다
적막하다
고요하신 하나님, 부처님은 어디에 섰는가
불순한 뼈들이 곧게 세우는 밤의 어둠
밀려가는 배의 터진 입처럼 바다가 넘친다
수평선의 칼날 위에 두 다리가 맞서 본다
후들거리는 것도 생의 지축이 된다
그리고 경계는 포기하듯 하늘을 접수한다

그렇지
외줄타기 같은 것이 모두가 사라져야 한다
너와 나의 사이에 둔 모든 선을 허물고
손바닥과 등의 이중생활도 접고
바다와 하늘은 서로를 포옹해야 한다
곧추세우는 것들은 신에게 허락을 받으며
성장하는 과정의 보고서를 써야 한다
우쭐거리는 자존심쯤이야 쓰레기처럼 버려야 한다
경계는 자신을 가둘 때 제일 두려워한다.

계절


대추가 붉어진다
단풍이 가을을 익혀 낸다

나는 사람됨이 부족하여
아직도 헛걸음에 흔들리고
아직도 힘없음에 쓰러지고
모자란 배움에 짓밟히는데

언제쯤 붉어져, 익어 가는 사람이 되려나.

# 나의 만찬

이제 얼마 남지 않았다
촛불을 켜고 누구를 기다리는 밤

거룩한 생의 만찬을 준비하고
발끝으로 몰려드는 죽음이여.

# 너의 겨울

우리는 서로의 산이 되었다
그 산에는 언제나 새가 있었고
산꽃의 미소들이 있어서 외롭지 않았다

그러나 사계의 아름다움도
겨울이 오면 모든 것이 삭막해져
그 홀로된 외로움을 견뎌야 한다

온몸이 얼고 살을 스치는 바람
그 흔들림에 무소유를 배우며
산을 오르던 짐승들도 가끔은 울부짖는다

다시 올 계절의 꽃을 기다리며
나무는 씨앗을 털고, 땅은 기지개를 켠다

서로의 산이 된다는 것
서로의 마음과 사랑이 된다는 것
그것은 겨울의 가난함에서 생성되는 일

숲 하나가 다른 숲 하나에게 말을 건다.

## 만추晩秋

창공은 푸른데
나는 새 한 마리 없고

가슴은 깊은데
그리운 사람 하나 없구나

가을이다!

산마다 터지는 저 꽃은 어찌할까.

# 밥을 삼키는 이팝나무

나는
배가 고파서 밤마다 몰래
이팝나무 그늘에 앉았었지

나무에 기대어
엄마에게 보채듯 가지를 흔들며
입 벌리고 흰쌀밥 먹었지

그 고봉 밥은
삼켜도 삼켜도 허기가 있어
나는 하얀 눈물을 몰래 쏟았었지

배고픈 봄날에
이팝나무를 삼키며 잠이 들다가
제삿날 다시 그 밥 한번 받아 보았지

배불리 먹어도 배고픈 흰쌀밥.

# 별을 가슴에 달고

빈 가슴을 품은 사람과
메마른 눈동자를 가진 사람이
힘겨운 듯 삶의 껍질을 벗는다

오롯이 견뎌야 한다면서
서로가 서로를 일으키며
위안을 주는 어두운 밤에 별을 본다

어느 구름에 비를 품고 있는지
어느 사람이 가난하다고 슬퍼하는지 알아야 한다

검은 늑대처럼 비구름이 떠돌고 있다

숨겨 두었던 큰 별을 꺼내 들고
홀로 선 사람을 위해 가슴마다 훈장 하나 달아 주며 등을 쓸어 준다.

# 비움

백우\*는
큰 산 하나 삼켰고

바람은
태풍으로 세상을 눕히고

그는
나의 모든 것을 빼앗아 갔다

비움은
더 강하게 채울 수 있는 삶!

※백우白雨: 우박雨雹 혹은 소나기

# 새앙손이


두툼한 손에 하나가 없다
손에서 맥이 끊어져 있었다

어머니의 손과 손에서 자랐을 텐데
하나가 툭 떨어져 버린 새앙손이
붉은 강물이 흘러 몇 해를 견뎠을까

아니다
견디는 것이 아니라
아직도 잃어버린 몸 하나 찾고 있는지 모른다
짧고 둥글게 생겨 버린 못난 것 하나

그것 하나 없어도
입 안 밥숟가락 잘 들어왔고
그것 하나 없어도 눈물 닦는 일 할 수 있었다

사람도 그렇게 둥글어져야 할 텐데
손가락에 생강 냄새 피어나도
아프고 서러운 손, 잡을 수 있다.

# 순간

그이는
새벽 종소리에 일어나
맑은 눈동자 하늘에 스며들어 사라졌다

그이는
황량한 돌산을 일구어 텃밭을 매고 다듬더니
하얀 나비 돌아오는 봄으로
떠나가더니, 떠나가더니

그이는
허물어지고 낡은 집을 받치고 섰다가
기웃기웃 고추밭에 심어 둔 붉은 것을 생각하다가
이웃집 혼자 남은 사람을 바라보다가 떠나가더니

그이는
떠나가고
봄은 다시 깊은 심혈에 잠기고,

그이는

세월을 등지고 간 것인지
나를 버리고 간 것인지
돌아다볼 시간도 없이 푸른 달 뒤로 사라졌다.

## 어디로 갈까

여름에 태어났던 매미가 죽고
잠자던 귀뚜라미가 뛰어온다

하늘 날던 잠자리 여행 가고
논두렁에 울던 개구리는 잠자러 갔다

갈 곳 모르는 나는 어디로 갈까?

# 엉겅퀴


들판의 흙냄새 향기롭던 날들이 모여
뾰족하게 가시 돋아 나를 매만지며
하나씩 하나씩 둥글게 다듬어 갔다

떨어지는 눈물이
땅에서 다시 생명의 물이 된다는 것은
나를 안으로 쓰다듬어 마중물을 내리는 일
그렇게 삶은 우물 하나 깊게 파는 일이다

빗소리 들어봐라

오래전 울부짖던 고독이 있고
가슴앓이한 슬픔의 그림자가 있고
잃어버린 나를 부르던 내가 서 있었다

비가 쓸고 간 것이 어디 그뿐이랴

마을의 둑을 넘어뜨리고
오백년 우뚝 선 당산나무 팔을 비틀더니

하얀 백발의 아버지도 쓸고 가버린 빗물

슬픈 우물을 벗어나면
자태 좋은 엉겅퀴 보랏빛 얼굴을 볼 수 있으리라

흙냄새 피워내는 자생의 꽃
눈물로 내리는 영롱한 비를 끌어안으며.

# 인생의 봄날

산은 높고 무겁게 섰지만
나를 해치지 않고 품어 주었습니다

바다는 시퍼런 칼날을 보였지만
헤아릴 수 없이 깊었습니다

하늘은 우러러봐야 하지만
겸손하게 아래를 볼 줄 알았습니다

자연은 나에게 봄을 줍니다

산은 과묵함을 가르쳐 주고
바다는 남의 허물을 품어라 하고
하늘은 자신을 낮추라고 합니다

봄은 내 마음에 있었습니다.

## 추사秋思

내가 가을을 핑계로
그리움의 이름을 단풍에 새긴다면

기다렸던 이름들이
얼마나 바람에 흔들릴까

갈대가 혼자 꺾이지 않듯이
내가 그대에게 다가서지 못하는 것도
바람에게 보내 버린 그리움 때문이다

사랑이 외롭지 않다는 의미로
가을을 핑계 삼아 그대 곁에 서 보고 싶다

단풍이 그대 이름을 불 밝히고
밤벌레 우는 소리로 그리움 담으며
가을에 편지를 써서 띄우고 싶다

사랑이 깊어 가는 가을
그대의 품으로 젖어 들어 눈 감는다면
나는 서걱이는 갈대처럼 슬프게 울어 보리라.

# 탓하지 않으리

바람을 탓하지 않으리

잠시 머물다 가는 것을 손으로 잡으려 했다
강가에 앉아 잔물결 일으키는 저 흔들림을
나는 매일 느끼며 출렁이듯 위태롭게 삶을 살았다

떠나고 나서야 기억되는 모든 일들과
등을 보이며 이별한 후에 다가오는 사랑을
떠밀고 간 바람을 탓하지 않으리

가슴에 새겨둔 흔적과 손끝에 머물렀던 인연들
둥지를 버린 새들의 자유처럼
바람도 제자리로 돌아갈 뿐이다

어느 날 등 뒤에 머물러 숲의 휘파람을 불어 주고
냇가의 은은한 물버들 간지럽히고 가는 바람
오늘 이 밤이 내게 오듯이 그 바람도 오면 좋겠다

잠시라도 눈 감으면 나의 모든 것을 훑고 가는 바람

얇은 옷, 가벼운 마음도 햇살에 늘어 두고 말린다
바람이 소곤거린다
―탓하지 않으리

지나간 고백과 방황과 그리움이
강바닥을 기어가는 낮은 햇살이 되어도
바람의 등을 보며 뒤돌아서야 한다

탓하지 않으리
떠나가는 모든 형태의 인연들을 위하여
아름다운 이별을 위하여 바람을 놓아 준다.

# 행복

잠자리 떼
한가로운 한낮
모든 시름 내려놓았네

휘이 휘이 날아다니면 내 가슴도 가벼워
바람 솔솔 부는 나무 아래서 좋아라고 웃어 보네

행복이 이것이구나 무릎 치고
먼 하늘에선 어서 오라 나를 부르네.

## 회유하는 한 마리 연어


푸른 물의 살결을 매만졌다
가벼이 흘러가다 보면 헛꿈이 나를 이끌고
헛꿈의 꿈에서 다시 돌아가는 희망을 감지한다

사는 일이란 쉽지 않았다

고향으로 간다는 희망으로
제 살을 쪼개어 강물에 던지며
다음 생의 터전에 배고픔을 줄이며 간다

나는 회유를 꿈꾼다
돌아가는 것은 다시 환생하듯 흐르는 것
생의 반환점을 달리며 폭포를 오른다

죽는 일이란 쉽지 않았다

치어의 눈망울을 두고 떠나는 것은
밤하늘 별을 품어도 가슴이 시린 일
유유히 흐르는 강물과의 약속처럼 울대만 세운다

온몸의 살이 부서져 떠오를 때
또다시 한 생명의 몸이 커간다
회유한다는 것은 다 주고 다시는 돌아오지 않는 일

어디쯤에서 자신을 버리는 일이다.

# 2

상처 위의 꽃

# 가을 산

가을보다 먼저 붉은 손 내밀었네

다섯 손가락에서 오는 그리움 잡아주었네

붉은 얼굴만 가득차 올라

바스락거리며 떨어지는 낙엽

가을 산은 온통 부끄러움만 있었네.

# 그 생生의 풍경

운하運河의 세계가 펼쳐진다
예술가들이 붓질해서 그려놓은 풍경들
고래가 뛰어들고 해초가 흔들어 대는 바다의 손
용궁으로 달려가는 한 밤의 꿈이 있다

거리에서 집어든 동전 하나로 겨울을 태우고
연탄 한 장으로 살아가는 늙은 아비가 울고 있다
한파는 몰아치고 생계는 목마르고
가난한 기타리스트는 오늘도 빈 깡통에 동전 몇 푼

돌아가는 테이프 속 노래 가사가 나를 읽어 낸다
웃다가 울다 지친 삶의 풍경들이 모두 떠난다
몽환적인 저 푸른 하늘과 바다를 끌어안고
애원하며 시린 발가락을 깨운다

예술은 화려하다 하지만
절박함에 눈물 받아 내는 날이 많았다
모두가 겨울에는 가난하고 박한 삶이다.

# 그리움을 사랑이라고 한다

그리움은 사랑이다

바다가 출렁이는 것은 사랑 때문이다
떠나간 사람이 흔들고 간 내 마음이다

바다는 사랑이다

흰 포말을 부수며 잊어야 하겠지만
수평선을 다시 돌아오는 바다가 될 때까지

그리움으로 기다리는 것이 사랑이라고 한다.

# 그리운 이름

너의 슬픈 이름이 출렁거려
들녘의 풀처럼 흐느끼네

한적한 돌담길을 걸으며
잊었던 그 이름 부르네

저물어 가는 해, 그리고 나
기울어지는 달, 그리고 나

풀같이 누워 그리운 이름 불러 보네.

# 나를 잊지 마세요

그리운 사람 곁에 두고
나는 보고 싶다고 했다

사랑하는 사람 곁에 두고
나는 외롭다고 했다

이별한 사람 곁에 두고
나는 사랑한다고 말했다.

## 너에게 가는 길


그리움을 평미레로 깎아내며 기다려야 한다

많은 인연들이 스쳐가고 자국을 남겨도
너만을 고집하고 너만을 기다리면
언젠가 꼭 내 손을 잡아 줄 너라는 것을

너에게 갈 수 있는 길은 오직 하나뿐이었다

모든 사람들이 등을 돌리며 그림자처럼 사라져도
새벽 강가 연한 안개로 피어나 스며 온다는 것을
가슴으로 이어지는 작은 핏줄에 생기가 돌면
너만큼은 나를 안아 주며 울어 줄 사람

너에게 갈 수 있는 길은 오직 기다림뿐이었다.

# 님

님은 항상 등 뒤에 계십니다

힘겨울 때 밀어주고
아플 때 쓰다듬어 주고
넘어질 때 잡아 주시는 님

그대는 늘 등 뒤에 계십니다

추울 때 포근히 감싸 주고
더울 때 뒤에서 바람을 보내 주는 님
당신은 언제나 등 뒤에 계십니다

온 세상의 등불이고 만유존재이신 나의 님.

# 동백꽃 그 얼굴

봄은 온다고 했다
두껍게 옷을 입고 기다린 봄

속살들이 준비하는 봄
처녀같이 맞을 그 얼굴이
지천에 흐드러지게 필
가슴 아픈 몽우리들 다 털어 버릴 봄!

회색빛 거리 사이로
찬란히 비추고 들어와도
겨울을 깨지 못하고 웅크린 너

그렇게 온다는데
동백 그 얼굴 터지게 피어나는 봄.

# 마음자리 하나


어느 뜨락에 봄이 내리지 않았을까!

골고루 봄 햇살을 뿌리고 꽃마다 환한 빛이 생겨나니
나무들이 초록 이파리 뽑아내는 찬란한 봄의 뜨락
발가락이 시렸던 겨울은 원래 없었던 계절처럼
나의 기억에서도 사라진 지 오래다

꽃 피는 계절마다 가슴앓이하던 사랑도 이제는
아팠던 기억들이 모두 사라지고 있었다

철마다 강가에 나가 내 인생을 돌아보던 날들도
이제는 바람보다 가벼이 떠돌아다니다가
어느 섬엔들 외롭게 서지 못할까

뜨락, 이제는 어느 뜨락엔들 봄볕이 들지 않으리.

## 바람꽃

나 그대를
생각하면서 꽃을 바라봅니다
몇 장의 입술이 떨리고 있습니다

나 그대를 잊은 적 없어
달 뜨는 밤 아래 차갑게 앉았습니다
담장 위로 새가 울다 갑니다

당신의 마음이 돌아오길 바랐지만
한 송이 꽃, 아픈 상처 위에 떨어지더니
꽃술에 묻힌 추억만이 쏟아집니다

사랑은 아픈 가시
그리움은 이별이 낳아 둔 형벌입니다.

# 방문객

장대비가 등을 두드린다
누군가 누른 진동 벨처럼 연락이 왔다
화초들을 마당 한켠에 내어두고
방문객이 누군지도 모르고 기다렸다

장마가 가슴으로 빗금친다
누군가의 그리움 속에서 울다 보면
용연천 계곡 범람은 아무것도 아니지
속절없이 구겨지는 허리를 껴안아 줄
여름 자귀 꽃도 져 버렸다

누구도 오지 않았다
젖은 화초들 빗물 머금고 울기 시작했다
빈 가슴이 저렇게 출렁거린다는 것은
오래된 사랑의 기다림 탓이리라
속절없이 구겨지는 여자의 일생 때문이리라.

## 별 깊은 밤

창을 열고 밤의 하늘을 본다

그는 수레를 끌고 집으로 돌아가고
나는 창틀에 앉아 낮은 꽃이 된다

밤이 깊어 갈수록
수레 소리는 어디로 가는지 멀어지고

밤이 깊어 갈수록
나의 그리움도 바퀴를 따라간다

매일 하루가 되돌아온다

사랑은 아픔의 구슬
나는 아픔을 꿰며 목걸이를 만든다

밤의 하늘을 수놓는 별이 있다
그리고 나는 그의 눈동자에 머물고 있다

먼 이국의 땅에서
삼각형 지붕을 내려다보며 잠든 그대
총총한 별 숨겨 두는 그대,

오늘은 어디로 달려가는가.

# 봄이여

봄은
여자 치맛자락 살랑거리듯 온다
봄은
예고도 없이 오는 소나기처럼 설레이게 온다
봄은
커피 향기로 가득 피어나며 온다

봄이여
오고가는 것도 처녀처럼 순수한 봄이여.

## 상처 위의 꽃

당신이 슬플 때
내가 먼저 슬퍼집니다
당신이 아플 때
내가 먼저 아파 옵니다
언제나 당신을 위한
치유의 약이 되고 싶습니다
상처 위에 당신의 꽃이 피어나면
부드러운 살결을 만져 줄 것입니다
그리고 나는 당신의 향기에 취해서
낮잠을 자렵니다.

## 소리새

한 마리 새로 자랐습니다

동네 어귀나 숲으로
날아다니는 새로 자라나
당산 나뭇가지나 살구나무 그늘이나
깃털을 다듬어 햇볕에 말리고
한 방울 피를 뽑아 소리를 내는 새

한 마리 새로 자랐습니다

유치원이든, 학교든, 도서관이든
새는 저의 부리로 약도를 그려 가며
날개가 닿는 곳으로 갔습니다

그는 당도하여 있었지만
새는 아직도 먼 곳을 바라보며
접어둔 날개의 지친 힘을 채웁니다
소리를 내지 못하고 접은 어깨를 가진 새

이제는 말하십시오
그 고요에 젖은 숨소리 들려주십시오
한 마리 새 우짖는 밤의 풍요를.

# 아무도 돌아오지 않는 밤

밤은 낮으로부터 버림을 받았네

나무가 꽃을 버리고
밤이 별을 숨겨 버리고
그대는 나를 기억하지 못하네

사랑은 이유가 없다

아무도 말 걸지 않는 밤
버림받은 사람은 돌아오지 않는다.

# 이별

홀로 계신 어미를 두고
두견이처럼 울었네

아들을 멀리 보내고
뻐꾸기같이 울었네

두견이도 뻐꾸기도
목이 아파도 울었네

깊은 그리움은
밤잠이 어려워도
소리 없이 우는 새가 되네.

## 적요寂寥의 공간

오늘도 찬바람은 아침으로 다녀갑니다
하루가 시작되어 나를 깨우더니
잠투정도 마다하고 마당으로 불러냅니다

풀들의 숨을 깨우고 낮은 곳의 꽃잎을 열어 봅니다
세상일은 매일 신문이 들어와 소식을 전하는데
그대는 왜 소식이 없는지 찬바람만 제 눈을 비비고 지납니다

오소서, 어서 오소서
나비인 양 팔랑이는 나의 마음을 잡지 못하고,
서로를 비비는 나뭇잎의 따스함도 이제는 식어 갑니다
이제는 적요의 공간도 그대 생각으로 가득 채우며 식어 갑니다.

# 휴休

능선이 모여 살아가는 산에서
뱁새와 뻐꾸기, 딱따구리가
바람 소리 들어보라고 한다

사람들이 쏟아내는 언어들을
두루두루 섞어 가며 있는 듯 없는 듯
그렇게 가벼이 살아가라 한다

채워 둔 지식도 없고,
모아 둔 재산도 없음으로
새소리 청아하고 바람 소리 가벼이 들린다

한세상 수없이 돌아가는 시간 앞에서
누구의 가슴에 채워지는 맑은 눈동자가 되고 싶다

겨울의 빈 몸을 가벼이 흔들고 싶다.

# 개여울

일렁이는 물
믿었던 만큼 흘러갑니다

쓸리어 가는 저것
아팠던 만큼 다쳤습니다

멍청한 하늘을 보며
기다리는 가슴을 땅으로 묻으며

오지 않을 사람을 그리워하다
개여울에 목숨 뺏기는 아픈 사연 하나

그대는 언제쯤
개여울이라도 되렵니까.

# 고백

새 한 마리는
나뭇가지가 없으면
쉬지를 못합니다

새 한 마리는
사랑을 하지 않으면
노래를 하지 않습니다

새 한 마리는
창공을 높이 날지만
홀로 외로워 길을 잃는답니다

그대가
새 한 마리의
길이 되고 꿈이 되어 주세요.

# 3

# 문을 열어 두면

# 내게 온 편지

단풍잎 하나, 책 속에서 바래져 가듯이
너는 수십 년을 외면하고 돌아서 가더니
파르라니 깎은 머리를 하고 가부좌를 틀었네

무엇이 너를 산으로 보낸 것인지
전생의 애틋한 기도가 남았던 것인지
앉은 자리마다 목단 꽃잎이 떨어지는 모습

사뿐히 걸어가다 흘려 둔 눈물을 보았네
마지막으로 놓은 어머니의 손을 그리워하다
제 손가락 잃어버려 산을 헤매었다는 이야기도 알았네

사람들이 쓸고 간 자리마다
어머니의 향기가 돋아나, 산그림자 질 때까지 울던 날
가슴에 생채기가 선인장 가시 돋듯 올라서
나도 몰래 백팔번뇌 끊으려 무릎을 굽혔네

내게 온 편지를 읽는 밤


 '어린 나이인 너를
 어미가 모질어서 너를 산으로 보내고
 나는 한번도 산을 쳐다보지 못했다
 산에서 귀한 분 되라고 눈부신 저 산을 가슴에 얹어 두고
 내사 아픔도 모르게 허겁지겁 산을 내려왔다

 어미가 할 줄 아는 것은 기도뿐이다
 귀한 분 되어서 부디 대중설법하소서
 대중설법하소서….

 못난 어미 찾으려 하지 말고, 산에 앉은 새소리 염불 듣고
 냇가에 흐르는 물소리 염불 듣고, 대 바람 불어도 서러워도
 섧다고 옷자락 적시지 말고, 때가 되면 어미 가슴에 놓인 산에 고이 묻어 주시게나.'

달 가는 저녁에 바람을 맞다가
스산한 대 소리에 몸을 움츠리다가
젖내 나는 몸을 더듬거리던 그날

어느덧 파르라니 깎은 머리 위에 설법이 돋아나고
대중설법하느라 어미 가슴에 놓인 산도 잊은 채
살았네

어느 날인가 법당에 날아든 노랑 나비
노랗게 핀 산수유 같았던 그 얼굴이 떠올라
설법전에 나비 불러모으고 앉아서
산수유 피우듯 엎드려 하염없이 울었네.

## 달빛은 나를 비추고

새벽안개가 멎으면 어둠을 걷는
손 하나 내려와 눈물을 쓸어 줄 때
그 강가에 서서 소리를 내라

내 생을 싣고 떠나가는 나뭇잎 위에
달빛이 비추는 얼굴 하나
둥근 박꽃같이 웃고 떠날 것이다

강가에 서서 강물처럼 소리를 내보라
흐르는 물길과 달빛이 고인 강가
윤슬이 비추고 있는 그곳
아프지도 슬프지도 않는 곳

달맞이꽃, 고마리가 지천에 피어
어울리는 춤을 추며 살아가는 곳
웅크린 사람들이 속마음을 털어놓고
가랑잎처럼 가볍게 돌아가는 강가
달빛은 나를 비추고 나는 그대 등 뒤에 섰네

바람이 울면 강가에 선 사람이 소리를 낸다
사람이 소리를 내면 달빛은 축축이 젖고
어미를 잃은 사람처럼 흐느낀다
나를 비추는 달빛 그 강가에서.

# 돌

몇 개의 돌을 담 쌓아서
내 땅이라고 표시를 하는 어머니

작은 땅에도
유채꽃 피면 노랑 나비 떼 날아오고
남해 바다에도 심장을 흔드는 꽃물결도 칩니다

어머니는 한 뼘의 텃밭에 마늘을 놓고, 양파를 키우며
굽어진 허리를 비틀비틀 흔들고 다닙니다

힘없이 넘어진 자식들 세우고 지탱해 주며
주름진 얼굴이 까맣게 타들어가도 어머니는 그냥 좋았습니다

어머니는 집 떠난 자식들 걱정에
논두렁에 세워둔 돌 하나씩 만지작거립니다

닳도록 만져도 그리움은 바라지 않아 자꾸만,

가슴에 돌무덤이 쌓여 갑니다

언제쯤 에메랄드빛 돌이 될까
언제쯤 바다를 닮은 돌 하나 가질 수 있을까

출렁이는 가슴에서 돌탑이 무너지고 있었습니다.

# 마당에 그린 그림

산사의 마당에는
하얀 입김으로 쓸어내린 자국이 남아 있다

어제도 그리움, 오늘도 그리움
만나지 못한 그리움으로 남은 이름
담장 넘어 들려오는 발자국 소리
옛 기억의 어머니 소리일까
떨리는 심장이 산사에 울리다
서어나무 하얗게 웃고 섰던 날
스님의 서글픈 눈물 한 방울
찬 서리에 굳어져 흘러내리고
마당 깊은 절간 풍경 소리
아득하게 그리움만 남기고
한 줄기 바람으로 사라지는데….

시린 손 호호 불며 비질하니
어머니 얼굴만 마당에 남았더라.

# 만월이 하늘에 떴다

밤이 잠드는 어둠 속에서
나는 하얀 땀을 쏟으며
산고를 겪는 여자의 굽어진 등을 보았다

창밖의 고요한 밤으로
젖은 몸 하나 축축이 걸어가는 길
몸앓이로 모든 기능이 소멸해간다

밤은 잠들고 나는 깨어 있다

철 지난 옷가지를 여미고
어머니의 빈 젖을 만지작거려도
긴 긴 겨울에는 춥고 배고픈 일이 허다하다

이 하나의 밤!
새벽을 걸어도 채워지지 않는 고독함
부른 배를 가진 저 만월滿月이
건조한 몸 하나의 자궁으로 들어가고 있다.

## 매지구름

아버지는 그랬습니다
왕겨 같은 거친 손으로 땅을 일구며
손톱에 가득찬 흙을 긁어 내지 못한 채
그렇게 살아왔습니다
고랑마다 눈물 없이 자란 싹이 어디 있겠습니까?

아버지는 그렇게 우셨습니다
씨앗을 볼 줄 아는 마음이
고운 사람이라는 것을 하늘은 알았습니다
그렇게 살아가는 아버지는
속으로 우는 매지구름 눈물로 서러워하셨습니다

허리가 굽어 쓰러져도
우리는 곧게 자라야 한다고 가르쳤습니다
하이얀 뼈를 뿌려 둔 논이 익어 갈 때쯤
그 사랑이 그렁그렁했다는 것을 알았습니다
뿌리를 내리며 살려 내고 키워 내야 한다는 것을
이제야 알아서 메인 가슴으로 울어 봅니다

아버지는 절대 닮지 않겠다는 그 말은
이미 아버지를 닮아 가고 있다는 증거였고
누구의 상처 된 흔적을 어루만져 줄 때는
이미 내가 아버지가 되어 있기 때문입니다
모든 것이 매지구름으로 스쳐갑니다

소중한 것을 잃고서야 가르침의 의미를 알아 버린
그 가슴에 붉은 단풍들의 피가 떨어집니다
장마철 강둑에 무너진 나무처럼 가엾은 아버지
이제는 그 이름을 부르며 고랑마다 씨앗을 심습니다
아버지의 그림자처럼 걸으며 잘 익은 논 하나 키웁니다.

## 무념無念

산속에 있으면 나는 산
바위에 몸 던져 나는 바위

무엇 하나 내 것 없으니 빈손이고
무엇 하나 집착 없으니 자유롭네

산, 바위 그 속에서
누구의 이름도 얼굴도 기억하지 않으리

무의식, 무안이비설신의
숨소리조차 흔적도 없는 세상

모두 제 기도의 흐름으로 갈 뿐.

# 문을 열어 두면

문을 열어 두면

갇혀 있던 마음들이 들어오고
두렵고 슬픈 생의 영혼이 다녀간다

열어 두면 자유롭다

저 혼자 오고 가며
자취도 남기지 않고 바람처럼 다녀간다

생의 모든 것을 받아들이는
문을 열어 둔다.

## 밥을 먹으며

 허기진 배가 꺼져 허기를 모르는 사람
 떠나간 자식들의 빈터에서 홀로 남겨진
 외로움도 무엇인지 잃어버린 치매 걸린 사람
 집안 모든 것이 그리움의 풍경
 빛바랜 사진 속 웃는 사람들
 벽에 남겨진 청춘의 장밋빛 인생만 남은
 이제는 생명을 다한 백열등도 깜빡깜빡
 허리가 틀어진 세탁기도 자꾸만 몸살을 한다

 먼 산에 애꿎은 까마귀 울어
 떠난 자식들 대신하듯 서럽다

 얼굴을 마주하고 밥상을 차린다
 '니 무라…. 어여 니 무라. 배고플틴디 어여 무라.
이 먼 질을 우에 왔는지…. 니가 고생이 많타이….
미안타'
 하얀 막걸리를 한잔 따르고 달달한 인생을 나눈다
 새파랗게 변한 구슬 같은 눈동자에 깊이 들어오
는 얼굴을 본다

어머님의 푸른 바다가 넘실대고 있었다
자식을 그리워하다 지쳐, 갯가로 떠밀려 난파된 모습
팔순의 인생은 그렇게 허기와 지친 몸 하나 남는 것이었다

구름이 작장리 마을을 싣고 떠난다
여린 어머님의 손을 잡고 먼 바다로 떠나간다

텃밭을 갈아엎고 마늘을 심고
작은 돌로 내 땅을 표시하던 어머님의 손바닥
비도 내리고, 해풍을 맞아도 굳건히 자라나
자식들 머리 커가듯 새싹이 돋아난다

밥상에 차려놓은 육종 남해 마늘이 맵다
어머님의 한처럼 혀끝이 아린다.

## 비단향 꽃무

꽃의 아름다움은
사계절을 만족시키지 못했다

내가 그대에게 사랑으로 남지 못하듯
비단, 사람이 꽃으로 환생하지 못하여
시늉하는 사랑의 헛된 마음이 밀리고
그는 꽃의 아름다움을 탐내지 않았다

하나의 생이 피어난 것을 볼 줄 알고
담장 하나 의젓함으로 서서 기대며
깊은 산 그림자로 자신을 누이고 있었다

서로가 다가서야 하나의 완성이 되련만
바람과 불처럼 세상은 그들을 허락하지 않았고
단비가 내리는 세상, 환한 비단향 꽃무
소용도 없이 쓰러지는 것이었다

사랑이 그렇게 피어나지만
애처로운 생의 뒷길을 걸어가며

사슴의 맑은 눈동자로 가두며 살아간다

전생의 못다 한 인연 꽃이 피어나고 있었다.

## 새벽에 걸린 달

가느다란 초승달 밝아도
실낱같은 삶이 초라해서
눈만 깜빡이면 사라지는 얇은 저 달

새벽마다 법당에 엎드려 기도하면
둥근 보름달 그 넉넉한 인생은 오려나

긴 밤, 산사에 바람 불어오고
낙엽들 우수수 흩어지더니
못내 가여웠던지 달이 눈을 감는다

통도사 매화도 봄을 준비하건만
이 마음에 꽃이 펴도 봄을 모르는 듯
새벽에 걸린 달 붙잡고 하소연만 늘어놓네.

## 세상의 등불이 되어


시방세계 님이 오시네
무형무색 소리도 없는 손길
쓰다듬고 어루만지는 사랑으로
모든 만물 곱게 연등 밝히고

기다리고 기다리네
사뿐히 내려오는 밤의 이슬
넓은 이마를 스치고 지나면
영축산 그 높은 하늘에서
하이얀 학이 노래를 하고
바위가 우뚝 서고
극락암 적송이 귀를 여네

부처님 오시는 영축산 아래
중생들의 무거운 시름 내려놓고
어여쁜 어머니의 붉은 두 손으로
빌고 빌어 소멸하는 업장이여

오너라 불로장생 거룩한 생명이여

잉태하라 청정한 믿음의 불자들이여
사바세계 넓은 가슴으로 오라!

# 수행修行

 여린 벚나무가 굵어지기 전이었다

 약하게 서서 몇 해의 겨울을 보내던 너와 같이
 벚나무도 그렇게 하얀 달을 먹으며 커가고 있었다

 멀리 산으로 사랑을 외치면
 그는 목메게 들려오는 대답을 돌려줬다

 황톳길마다 도랑으로 흐르던 물이 바다를 만날 때쯤
 아슴한 가슴으로 너와 내가 만날 수 있는지
 몇 해의 겨울, 그 흰 눈으로 옷을 지어 입고 견뎌내었다

 굵게 뻗은 가지에는 새들이 몇 채의 집을 짓고
 새끼를 낳고 이제 집을 팔고 떠났다

 이제는 내가

넘어가는 해를 붙잡아 불 밝히고
완자창 굳게 닫으며 열반의 방으로 간다.

## 스님의 옷자락

스님은 아침 기침도 하지 못했습니다

지저귀는 새들과 다람쥐 놀라 도망갈까
조용히 옷자락 여미며 산책을 나갑니다

하심下心, 하심을 외우며 땅을 보고 걷는 모습이
영축산을 등에 지고 있는 듯하였습니다

비는, 논에 들어 대지를 비옥하게 다듬고 있었지만
스님의 눈가에는 연우連雨를 내리셨습니다

그 길은 어머니의 뼈처럼 곧아
돌아보는 일 없이 스쳐 지나
길가에 핀 찔레꽃 향기만 무성하게 뿌려집니다

어머니가 떠난 유월은 어둡고 아파서
청류교 따라 흘러가는 물가의 꽃잎만 바라봅니다

이제, 스님이라는 훈장 하나 가슴에 달고

등에 짊어진 영축산을 오릅니다

가파른 산길을 오를수록 등은 굽어져
땅으로 몸을 낮추어 배우는 하심
스님의 옷자락에서 끊어지는 번뇌

이제야 스님은 하얀 고무신 댓돌에 올려놓고
기침 소리 묵묵히 삼키십니다.

# 어머니의 소박한 밥상

어머니의 낮은 밥상은 따뜻했다
텃밭에서 올라온 상추의 푸른빛이
달밤에 꽃을 곱게 피우고 있었다
어머니의 미소를 담은 한 그릇의 밥
에메랄드빛 풍성한 가슴으로 담긴
고요하고 차분한 밥상에서
흰쌀밥이 겨울밤을 데우고 있었다
어머니의 향기가 되어
모락모락 피어나는 한 그릇의 밥
소박한 밥상의 주인이 된 오늘은
꺾였던 나의 절망의 길도 바로 앉았다
주름진 얼굴을 서로 바라보며
불혹의 딸에게 주는 한마디 말
'뜨실 때 어서 먹어라'
하! 이제는 늦어 버린 나의 죗값이
불효자의 머리를 들고 앉아 눈물을 삼킨다
흰쌀밥처럼 하얀 머리와
고사리 뼈 같은 손등을 어루만지면
한낮의 찬란함이 무슨 소용 있으랴

뻐꾸기 지저귀는 숲의 어둠이 밀려오고
마주앉은 밥상은 식어 가는데
내 한숨의 깊이는 저 산 아래 우물을 판다.

# 참회록

바람은 하늘의 길을 알고
새는 바다의 길을 안다
심장은 피를 돌게 하고
정신은 모든 생각을 지배한다

내 길은 고달파도
낮은 곳의 길을 걷는 사람의 벗이 되고
지친 사람에게 의지자가 되어야 하고
벼랑 끝에 선 사람들의 귀손貴遜이 되어야 한다

산속 깊은 곳 홀로 서도 외로워 말고
풍경들 노래하며 유혹해도 동조되지 말고
큰 산의 그림자가 나를 삼켜도 두려워 말아라

우주의 회초리
그 천둥과 번개가 내리는 날이면
전생의 지은 죗값 받는 날이라 생각하고
두 무릎을 굽히며 좌복座伏에 깊이 얼굴을 묻어야 할 것이다

곧바로 응징되는 고통에 슬퍼 말아라
다 네게서 온 것은 네게서 지은 죄이다.

# 청류 淸流

백록담 그늘 아래 흘러가는 물길이여
어제도 오늘도 그냥 무심히 흐르건만
던진 돌들 깊이 박혀서 퍼렇게 멍든 자국
옥빛 물결치는 곳에서 달도 서럽게 떴구나

풍류를 즐기는 바람도
온통 거칠게 선 비룡도
산허리 잡은 춤추는 운무를 그리워하다
몇백 년 굽이치는 물길 위에 제 이름 띄워 보낸다

가을빛 여여하게 비추니
곳곳에 부처님 자비 풍성하고
가난하거나 가난하지 않거나
높거나 높지 아니한 자들 모여 앉아서
합장하는 모습 위로 흰 학이 날개를 편다

맑은 것을 담는
청류수 위에 노 저어 가는 사람
모든 시름들 도포자락 끝에 매달고 간다.

# 팔자

내 무슨 죄가 많아
한 초도 아낌없이 눈물 흘리나
내 무슨 한이 많아
한 초도 아낌없이 슬픈가

지나간 내 젊은 시간들
빼앗겨서는 안 될 빼앗긴 것들
이제는 낡은 골방도 사라졌다

서럽다는 인생을 돌아보니
다 내가 지은 죄 받는 일이더라
내가 엎어 둔 밥상이더라

구겨진 옷, 구겨진 마음 하나 들고 나와서
그것 펴느라 한 이십 년 보냈으나

돌아봐도 다시 돌아봐도
내 잘못된 마음 쏨쏨이가 보인다

쌀 한 톨, 콩 하나 나누며 살았고
우는 자식 업고, 달래고, 어르고 뜬눈으로 지새워
내 애간장 녹아내린 지 오래되었으니
이만하면 잘 산 게지

독한 년이라고 사람들 말해도
내 팔자 모진 것을 누가 감당하랴.

## 한복집 춘자씨

배운 것 없던 시절
춘자씨는 한복을 지었다네
한복은 선이 고와야 한다면서
손가락 끝이 찢어지는 아픔을 견디며
실 한 가닥 어울리게 잡고 있었다
낳아 둔 자식 먹여 키우는 낙이 최고라며
엄지손가락 올리며 웃는 얼굴이
색동저고리 한 벌로 대신한다
재래시장 한 모퉁이에서 빛나는 춘자씨
오십 년 세월은 곱게 주름져 있었지만
돌아가는 미싱 소리는 인생을 멈추지 않았다
아름답고 선이 고운 한복은
행복한 비상의 날개를 만들어 내고 있었다.

# 호미

끝을 곧추세우고 섰다
봄을 캐 보려는 게지
냉이, 쑥 그리고 온통 꽃 피운 봄을 담으려는 게지
뾰족한 끝을 땅으로 묻으며
제 몸은 닳아지고, 새 생명의 씨앗을 캐는 게지
제 몸 하나 희생하고 봄의 향기를 캐는 게지
하얀 냉이 꽃이 서럽게 피어도
눈물 닦아 주는 봄꽃들의 소박한 세상살이
둥글게 살아간다는 건 자신을 희생하는 것
아름답게 살아간다는 것은 작은 풀꽃처럼 겸손해지는 것
호미의 끝도 인생의 마지막에는 둥글게 다듬어진다는 것이다
살아가는 것은 둥글어지는 것이며
'사람'이 아닌 '사랑'이 되어 가는 것이다.

# 부모

그립소
내 그리워 울어 보네
하얀 목 안에 삼킨 그것을
그 깊은 곳에 숨긴 그것을
나는 이제야 보았네
그립소
그대의 눈동자 보면서
내 그리워 울어 보네
한 많은 숨결이 흘러와
밤의 이슥한 표정 속에 머무르며
그립소
내 그립소.

**4**

영혼의 의자

## 고독한 등을 보이며


나는 고독을 씹는다

질경이를 씹다가 단맛이 빠진 그것을 버리고
입속에 이를 뽑아 버리고 날마다 혀를 구박한다
사람이 이야기하는 상념想念의 긴 꼬리를 물고
어디론가 기어다니는 일상의 오후쯤
새들이 쪼아대고 벌레가 버려둔 썩은 시간들이
오물처럼 흘러가는 강물이 두 갈래

고독은 저보다 더 독한 것을 마신다

상처 난 무릎 위에 피를 흘리며 다시 돋는다
질경이를 씹다가 누구를 씹다가 나를 씹어 버린다
그렇게 지나간 일들이 또다시 돌아오는 날들
인생은 돌고 도는 역동의 생활이다
짓밟히고 쓰러져 흘린 눈물이
고독의 날을 송두리째 지휘한다

또, 쓰러지는 등 위에서 솟구치는 바람 한 점 업고서.

## 공쏘

밤은 깊어 가는데
나는 어쩐지 쓸쓸하여
술을 마신다

보름달은
자꾸 채워져 가는데
내 가슴은 야위어 가는지
모를 일이다.

# 길

산꽃 속에 숨어 있던 그대
그대가 바람이었나요

앉았다 일어서면
산꽃에서 나타나는 그대

온종일 기다려야
바람같이 스쳐가는 그대

풀냄새 흙냄새
온몸에 씨 뿌리듯 날아가는 그대

하늘에 별을 붙이면
그만큼 큰 빛으로 다가오는 그대

나의 성찰은 무엇이고
나의 동경은 무엇이며
나의 사랑은 무엇으로 옵니까?

# 꽃사슴

꽃사슴
너는 언제나 넓은 초원을 뛰어다니는
낙원의 바람을 따르는 티 없는 생명이지
고귀하고 맑은 눈동자로 내려다보는 눈길
사람들이 잃어버린 방울 소리 울리며 뛰어가는
너는 세상의 끝없는 희망과 사랑으로 남았지

밤의 어둠은 이제 걷어 주고
새벽길 시린 날도 한 줌 햇살을 던져 주며
지나온 세월 마음에 돋았던 고통도
내 기도에서 모두 소멸하고 치유되기를 빈다

다시 뿔을 세우고
가벼운 몸으로 세상의 길을 만드는
너는 나의 꽃사슴
눈동자도 호수를 비추고 달의 표정을 닮은
그 자태 그 모습 부러워라

긴 목과 야윈 다리로

초원의 주인이 되어 세상에 방울 소리 울리는
너의 고독한 목마름도 나는 이제 안다
새벽의 차가운 공기 속에 머물지 않는
나의 꽃사슴, 너의 꽃사슴
기도로 합장하는 꽃사슴.

## 나를 부르는 바다에서

먼 곳에 서 있는 섬을 보내고
나는 바다에게 가까이 다가섰네

달의 민낯을 실어 나르고
언제나 돌아와도 품어 줄 뱃사공을 태웠네

저 바다를 끝없이 끌어들여
이불을 덮고 하룻밤 잠들면 내일은 고래를 낳아 주려나.

# 녹물

몇 세대가 바뀐 집이다

세월이 간 마당에 쥐들도
고양이들도 몇 살림을 보냈는지 안다

밥그릇 챙기며 어린 새끼들 엿보고 있던 까만 눈동자
생명의 고달픈 흔적이 낡고 병들어
녹물은 방바닥에서 강처럼 흘러간다

소년 시절의 그 끝에서 바라보던 하늘도
오래 웃자란 팽나무 아래 싹튼 어린것도
녹물을 먹어야 세상을 살아가는 것을 본다

계절이 추운 날 녹슨 것은 더 찢기는 것이다

제 속에 퍼다 올린 녹물
공사장 포클레인이 지나간 자리,
그 자국마다 깊게 고이는 녹물은 붉은 강이 되어 흐른다.

# 누에

흔적으로 실을 뽑는다

살아 있는 움직임을 하혈下血하며
각혈咯血의 늙음으로 주름을 짜내고
생사生死의 몸 뒤틀며 명주를 짜낸다

먹고, 흔들고, 짜내고….

# 마지막 잎새

어느 낮의 찬란함이
밤의 깊이로 스며드는 날
한 사람은 나의 발등을 찍고
한 사람은 나의 발등에 키스를 한다

만남이 기차역에서 시작되어
목적지도 없이 함께 달려갔지만
흰 목련으로 피어난 낯선 얼굴
먼 타국의 어느 땅쯤에서 사라졌다

갈증이 비처럼 내렸다면
순결한 사랑은 눈처럼 계절을 데려왔고
기차가 떠나도 다시 돌아올 희망이 있었다면
종기終期로 박힌 아픔의 생채기는 없었을 것이다

언제나 사랑은 연민의 애틋함
영화 속 주인공이 눈물범벅 되는 마지막 장면
사람들은 돌처럼 딱딱한 기도와
낡고 주름진 두 손을 모으고

한 뼘의 늙은 얼굴을 손바닥으로 내리친다

그 마른 잎 하나 힘없이 떨어진다.

# 모시나비 잠들다


모시나비 잠들었다

파란 눈을 가진 이방인처럼
몸을 누이고 두 다리를 꼬면서 잠이 들었다
투명한 날개 사이로 햇살이 흘러내리면
숲에 들었던 영혼들이 숨을 쉬어 댄다
수태 낭의 무게가 바스락거리는 낙엽 끝을 잡고
생명의 잉태를 기다리며 혼절하듯 애틋하다

멀리 보내야 했던 사랑의 기다림이
떠나 버린 미련의 아픔을 이불로 덮고
또다시 모시나비가 잠이 든다
푸른 숲을 갈망한 것은 인간의 욕심인가!
바람에 흩날리듯 떠나가는 얇은 구름과
투명한 날개들의 유언들이 장구한 세월을 접고
있었다.

## 사랑하는 그대여

가을은
손 시린 겨울을 두려워합니다

사람은
사랑이 떠날 것을 두려워합니다

신은
우리가 깨닫지 못한 무지함을 두려워합니다

그대여
그 계절과 그대의 사랑과 그대의 신이
두렵지 않게 하소서.

## 산비둘기

산비둘기 노래한다

평화를 물어다 줄 비둘기를 향해 팔을 저었다

이리 오렴, 이리 오렴

길 위에 붉은 능금 열매를 맺고

비둘기는 입가에 립스틱을 바른다

날개를 펴고 떠나간다

평화는 다시 올 거야.

## 석간송 石間松

밤이 달을 데려와 나뭇가지에 얹어 두고
바람은 찬 기운 데려와 정신을 깨우네

반야산 넘어가는 흰 눈썹
멀어져 간 그 여인의 미소 같아

옷자락에 스며든 눈물 하염없고
독야청청獨也靑靑 긴 날들 홀로 우뚝 선 소나무의
기백

밤이 달을 데려가고 바람이 찬 서리 녹이는데
그녀의 눈썹달은 자꾸만 석간송에 걸리었네.

# 심성

남다른 씨앗으로 태어나
눕는 자리 찾지 못해 늘 헤매었다
남보다 모자란 키, 그리고 작은 심장
못난 이마 허약한 체질
남들이 싫어하는 것만 가지고 나와서
누굴 탓하지도 못해 혼자 울던 날

심성이 고와야지
그래야 사람이 되는 거지
제 아픔 쓸어서 태우고
제 고통 다듬어 부드러운 비단 만들었으나
알아보는 이 없고, 알아주는 이 없어
한스럽구나, 안타깝구나

그 심성 하나 가지고 살아온 세월
이 땅에 사람들은 그를 무어라 부르는 걸까
유배지에 홀로 선 배롱나무 곱지만
내 심성 하늘로 던져 버리고 사네

까마귀 입속에 던져 버리고 까맣게 잊고 사네.

## 영혼의 의자

너를 품고 나는 살아간다
의지할 곳 없던 육체의 망가짐도
너를 통해서 나는 안식을 찾았고
정수리 위로 쏟아지는 은하수를 받으며
다시 돋움하는 완덕完德을 행하였다
비로소 너의 품이 닿는 순간
무엇 하나 놓칠 수 없이 숨을 끌어다 놓았다
심장 박동이 뛰고 몸이 경직되는 행태行態
나는 너의 의자에서 수직으로 걸어간다
하나의 동행자, 또 하나의 의자
생의 전반이 무대에서 막을 내리면
이반離反의 손이 나를 잡아당긴다

다리는 부러지고
심장은 찢겨서 망가지고
영혼의 혼불이 지켜가는 지금
너는 내게 그런 존재였다
지친 어깨와 망가진 다리를 쉬게 하는 의자
영혼의 의자를 바르게 닦으며

나는 너의 정수리 속으로 들어갔다
거꾸로 솟아오는 끈적함이 몸으로 달라붙는다
나는 운명을 점칠 듯이 외우고 부르짖었다
영혼이여 나의 의자 속에 깃든 영혼이여.

# 월연정

굽이치는 비바람에 치마폭 날리어도
내 님 기다리는 마음 흔들림 없으리

배롱꽃보다 붉은 입술 내밀던
영남루 기둥마다 새겨진 사랑의 증표들

천년같이 굽이치는 자연의 휘둘림도
내 님의 도포자락 흔들지 못하네

정조와 지조의 고향 밀양
월연정 비치는 그 달빛 아래
사랑의 언약이 깊이깊이 스며드는 밤

연분홍으로 쏟아지는 꽃잎
살포시 앉아 보고 들여다본 영남루

영혼의 맑음을 수놓아 두었으니
월연정 밤하늘에 별과 달이 어울려 빛나고

그대와 나의 사랑은 수줍게 깊어라.

# 율객律客

그대는 어느 나라의 이야기처럼 따스한가요

당신은 낯선 땅의 모래같이 느껴집니다

세상에 하나뿐인 음성이 온전한 가슴을 출렁이네요

당신은 어느 바람을 타고 내게 스며 온 것입니까

웅크린 허리를 펴고 별을 보게 하는 당신

나를 정신없이 흔들고, 나는 흔들립니다

기도하는 법당에 앉아도 당신의 향기가 들어

님의 말씀처럼 연꽃을 피워 냅니다

당신은 누구십니까?

## 찬밥

식은땀을 데우며 먹는 밥
온종일 따라다닌 걱정을 비비며 먹는 밥
흰 눈을 머리 위에 이고 먹는 밥
지리산 반야봉에 뜬 달 같은 밥
찬밥.

# 해넘이 바다


나의 설 곳이 여기라고 했습니다

나의 태어남의 이전부터 살던 곳
나의 기댈 곳이 여기라고 했습니다

바람이 치고 파도가 지나가고
손잡고 등 기댈 사람도 없지만
별을 입 안에 가득 넣고 웃어 줄
바다 해초海草 내음 풍성한 가을의 이 밤

잊어야 할 인연도 떠나간 인연도
눈물 젖은 인연도 기뻤던 인연도
나는 매일 이곳에서 소금에 절였습니다

나는 몇억 년 전부터
바다의 이야기를 듣고 어부의 노래를 불렀지만
이제 나의 생에서 끝나 버린 설화가 되었습니다

나의 고향 나의 탯줄 나의 어머니, 어머니

뱃고동 울리며 가는 저 어선들에 밀려
힘찬 파도가 나의 발가락을 간질이고 있습니다
우둔한 한 사람이 깨어나길 원하며
나를 때리는 그 파도는 서쪽으로 밀려들어 갑니다.

# 흰 손

내 하얀 장갑을 준비했으니
그대 깨끗한 손을 내밀어 주오

우리가 언제 남이 되었나요
그대의 몸 하나에서 자라나 지금까지 왔는데

왜 가시려나요
나의 생채기에 앉은 상처도 만져 주고
깨끗한 그 손을 이마에 얹고서 잠들어야지요

내게 던진 말이
자갈처럼 굴러다니다 온몸에 투석되어 자리 잡고
언제나 살을 찢는 고통의 핏물이 흘렀습니다

피리를 불던 때는
나의 까만 얼굴이 쟁반에 비춰지고
언제나 푸른 보리가 넘실대고 있었죠

이제는 어디로 가십니까?

먼저 앉은 자리에 온기를 기다립니까?
그곳이 어디라고 넙죽 따라가십니까?

아무 말도 하지 마세요
그동안의 상처가 돌기突起처럼 돋아옵니다
내 그것들을 두 손으로 자를 테니 이제는 쉬십시오

흰 손에 내려쬐는 햇살을 받으며
그대의 낯빛에 고이고이 뿌려 드리겠습니다.

# 짐

내려놓기란

내려가기란

필요하지 않은 것을

나에게서 멀어지게 하는 것

인생의 모든 창문을 열어 두는 것

그것은 나이 드는 것이 아니라 철이 드는 것이다.

해설

# 감성과 절제 혹은 그리움

> 해설

# 감성과 절제 혹은 그리움
―남경희 시인의 시세계

기 청 | 시인, 문예비평가

 입춘도 지난 봄의 길목에 춘설이 내린다. 긴 겨울의 끝이고 생명의 봄의 서막이다. 이 잠깐의 시간, 계절은 은밀한 우화羽化와 탈피를 반복한다.
 시간은 어디서 오는가? 누가 저 긴 실꾸리를 풀고 되감기를 거듭하며 졸고 있는가? 계절이 오고 가는 것은 사람의 분별일 뿐이다. 불교적 세계관으로는 시작도 끝도 없다고 한다. 색즉시공色卽是空이요, 공즉시색空卽是色이라는 묘법妙法, 보이는 모든 것은 비어 있음이고 비어 있음은 곧 가득차 있음이다.
 남경희 시인이 두 번째 시집 『상처 위의 꽃』을 세상에 선보인다. 80여 편의 주옥같은 작품으로 세상과 소통하려는 것이다. 시는 시인이 아껴 둔 말의 보고寶庫이다. 때문에 가장 소중하면서 가장 내밀한 정신의 품격까지 품고 있는 것이다. 시는 그가 살아가는 삶이 빚어낸 마음의 꽃밭이다. 이번 남경희 시인이 자신만의 고독한 시간을 눈물로 혹은 객혈咯血로 가꾸어 낸 꽃밭은 어떤 모습일지, 시인은 스스로 어떤 모습일지 독자는 나름대로 상상의 날개를 펼치는 것은 전적으로 자유다.

남경희 시인의 시집 『상처 위의 꽃』을 분석하기 위해 우선 주제별로 나누어 보면, 첫째 삶과 계절, 둘째 그리움 혹은 상실, 셋째 모성과 불교적 주제, 넷째 단상短想과 내면세계의 시편들로 대별된다.

삶과 계절을 소재로 한 〈인생의 봄날〉, 〈밥을 삼키는 이팝나무〉, 〈추사秋思〉, 〈너의 겨울〉, 〈경계에 서다〉와 〈호미〉를 비롯하여 비중 있는 작품과 〈겨울의 긴 시간〉, 〈계절〉, 〈엉겅퀴〉 등 계절 감각과 삶의 애환을 담은 작품들이 적지 않은 비중을 차지하고 있다.

## 1. 삶과 계절 감각의 시

사계四季의 상징 의미는 시간의 흐름에 따른 생명의 순환이다. 사계의 순환에 따라 자연은 각각의 색깔과 의미를 부여한다. 필연적으로 시공간의 지배를 받고 살아가는 인간도 마찬가지로 이합집산離合集散의 과정을 거치면서 변화하고 생멸을 거듭한다. 남경희 시인이 지나온 시간(계절)의 의미는 어떤 것일까?

 산은 높고 무겁게 섰지만/ 나를 해치지 않고 품어 주었습니다∥ 바다는 시퍼런 칼날을 보였지만/ 헤아릴 수 없이 깊었습니다∥ 하늘은 우러러봐야 하지만/ 겸손하게 아래를 볼 줄 알았습니다∥ 자연은 나에게 봄을 줍니다∥ 산은 과묵함을 가르쳐 주고/ 바다는 남의 허물을 품어라 하고/ 하늘은 자신을 낮추라고 합니다∥ 봄은 내 마음에 있었습니다.
―〈인생의 봄날〉 전문

 내가 가을을 핑계로/ 그리움의 이름을 단풍에 새긴다면∥ 기다렸던 이름들이/ 얼마나 바람에 흔들릴까∥ 갈대가 혼자 꺾이지 않듯이/ 내가 그대에게 다가서지 못하는 것도/ 바람에게 보내 버린 그리움 때문이다∥ 사랑이 외롭지 않다는 의미로/ 가을을 핑계 삼아 그대 곁에 서 보고 싶다∥ 단풍이 그대 이름을 불 밝히고/ 밤벌레 우는 소리로 그리움 담으며/ 가을에 편지를 써서 띄우고 싶다∥ 사랑이 깊어 가는 가을/ 그대의 품으로 젖어 들어 눈 감는다면/ 나는 서걱이는 갈대처럼 슬프게 울어 보리라.
―〈추사秋思〉 전문

캐나다 출신 문예비평가 노드롭 프라이Northrop Frye 는 그의 저서 『비평의 해부』에서 신화 원형 상징을 비평에 도입했다. 그는 사계의 원형을 봄은 영웅의 탄생과 재생으로, 여름을 결혼 혹은 승리의 단계로, 가을은 죽음, 겨울을 해체의 단계로 해석했다. 이것은 인간과 자연에 공통된 생명 순환의 과정으로 본 것이다.

이를 동양의 불교적 세계관으로 보면, 겨울은 생의 준비 단계, 봄은 재생으로, 여름은 현생의 삶(내생의 원인), 가을은 죽음 즉 우화단계(모습을 바꾸는)로 인식된다.

남경희 시에서 봄은 어떤 의미일까? 시 〈인생의 봄날〉에서 시적 자아는 낮은 위치에서 대상을 바라보는 겸손하고 지혜롭고 깊은 사유思惟를 가진 존재다.

"산은 높고 무겁게 섰지만"에서 산은 곧 화자(시적 자아)를 품어 주는 믿음직한 포용의 대상으로 인식한다. 같은 비교 대구법으로 바다는 '칼날' 아닌 '깊음'으로 하늘은 '우러러'가 아닌 '아래'로의 겸손의 교훈을 준다.

남경희 시인이 인식하는 봄의 상징 의미는 지금까지의 생에 대한 반성이며 고백이자 영혼의 정화이다. 때문에 그의 봄은 지난 시간의 반복이 아닌 진정한 '재생'의 의미로 다가오는 것이다.

그의 시 〈추사〉에서 가을은 또 어떤 의미로 다가올까? 그의 그리움의 원천인 대상의 부재不在에서 오는 쓸쓸함, 슬픔이 묻어나는 섬세한 감성의 교향시다.

그러면서도 절제를 잃지 않는 것은 이 시의 품격을 말해 준다. 시의 화자는 갈대와 바람의 관계를 통해 나와 그의 관계 회복을 꿈꾼다. 가을은 '그'에게 다가서기 위한 '핑계'로 배경의 구실을 한다. 그리고 '단풍'은 붉음의 색채 이미지로, '갈대'의 백색 이미지와 어울려 화자의 간절한 바람을 더욱 고조시키는 효과를 준다. 남경희 시인의 가을은 대상의 부재에서 오는 상실감, 그리움이란 이름으로 채색된 또 하나의 '죽음'인 것이다.

## 2. 그리움 혹은 상실의 시

남경희 시의 서술상 의미상의 특징을 보면, 우선 평이한 시어, 부드럽고 섬세한 여성적 어조, 사유를 통한 관조적 어조가 시의 분위기를 주도한다.

화자와 대상과의 거리는 비교적 가깝지만 감성의 절제를 통해 적절한 거리를 조절하고 있다. 의미상으로 보면 개개의 작품이 갖는 소주제(현실의 고뇌, 상실과 그리움)가 '삶과 고뇌의 승화'라는 전체의 주제와 유기적으로 통합되고 있다.

이제 시인의 그리움의 실체가 무엇인지, 소승적小乘的 집착으로 끝나지 않고 어떻게 대승적으로 승화되고 있는지 좀 더 자세히 살펴보고자 한다.

 당신이 슬플 때/ 내가 먼저 슬퍼집니다/ 당신이 아플 때/ 내가 먼저 아파 옵니다/ 언제나 당신을 위한/ 치유의 약이 되고 싶습니다/ 상처 위에 당신의 꽃이 피어나면/ 부드러운 살결을 만져 줄 것입니다/ 그리고 나는 당신의 향기에 취해서/ 낮잠을 자렵니다.
―〈상처 위의 꽃〉 전문

 나 그대를/ 생각하면서 꽃을 바라봅니다/ 몇 장의 입술이 떨리고 있습니다∥ 나 그대를 잊은 적 없어/ 달 뜨는 밤 아래 차갑게 앉았습니다/ 담장 위로 새가 울다 갑니다∥ 당신의 마음이 돌아오길 바랬지만/ 한 송이 꽃, 아픈 상처 위에 떨어지더니/ 꽃술에 묻힌 추억만이 쏟아집니다∥ 사랑은 아픈 가시/ 그리움은 이별이 낳아 둔 형벌입니다.
―〈바람꽃〉 전문

 한 마리 새로 자랐습니다∥ 동네 어귀나 숲으로/ 날아다니는 새로 자라나/ 당산 나뭇가지나 살구나무 그늘이나/ 깃털을 다듬어 햇볕에 말리고/ 한 방울 피를 뽑아 소리를 내는 새∥ (중략)∥ 그는 당도하여 있었지만/ 새는 아직도 먼 곳을 바라보며/ 접어둔 날개의 지친 힘을 채웁니다/ 소리를 내지 못하고 접은 어깨를 가진 새∥ 이제는 말하십시오/ 그 고요에 젖은 숨소리 들려주십시오/ 한 마리 새 우짖는 밤의 풍요를.

―〈소리새〉 일부

앞의 시 〈상처 위의 꽃〉은 이 시집의 제목이기도 해서 다분히 상징적인 의미를 담고 있다

'상처'와 '꽃'의 역설적 의미가 갈등에서 화해를 암시한다. 대상인 '당신'의 슬픔과 아픔을 치유해 주는 '약'이 되고자 한다. 그런 헌신적인 행위를 통해서 비로소 정신적 합일을 이루는 진정한 화해의 길을 모색한다. 이로써 원망과 아픔을 넘어선 고뇌의 승화라는 주제와 통합되는 것이다.

가운데 시 〈바람꽃〉은 화자의 객관적 상관물이다. 자신의 존재를 '바람꽃'에 빗대어 대상의 부재가 주는 상실감을 아프게 호소한다. 형체도 없는 가상의 꽃, 바람꽃은 자신이 만들어 낸 슬픈 자화상이다. '달 뜨는 밤'의 차고 고적한 혼자의 시간, 담장 위로 새가 울다 가지만 정작 기다림의 대상은 기약이 없다. "몇 장의 입술이 떨리고"에서 화자의 차마 말할 수 없는 아픔과 고뇌가 묻어난다.

급기야 화자는 스스로 단호한 어조로 선언을 한다. "사랑은 아픈 가시" "그리움은 이별이 낳아 둔 형벌"인 것이다. 여기서 그의 그리움의 실체가 '가시' 혹은 '형벌' 임이 분명하게 드러난다.

뒤의 시 〈소리새〉 역시 화자의 객관적 상관물로 그 모습만 바꾸었을 뿐이다.

"한 방울 피를 뽑아 소리를 내는 새"처럼 절절한 어조가 유사하다. 다만 꽃이란 정물에서 새라는 동적인 움직임만 다를 뿐이다. 정靜에서 동動으로의 확장성은 "아직도 먼 곳을 바라보며"처럼 대상과의 거리를 가늠케 해준다. 그의 소망과의 괴리에서 오는 절망감은 더욱 간절한 그리움으로 돌아오는 것이다.

그 외에도 〈그리운 이름〉, 〈방문객〉에서 기다림 혹은 상실감을 〈탓하지 않으리〉, 〈비단향 꽃무〉 등에서 현실 극복을 지향하는 작품 등 전체적으로 많은 비중을 차지하고 있다.

### 3. 고뇌의 승화―모성과 불교적 주제

남경희 시의 또 다른 의미 있는 주제는 모성과 불교적 세계관이다. 그것이 현실의 고뇌를 어떻게 승화시키고 있는지 작품을 통해서 알아보자.

몇 개의 돌을 담 쌓아서/ 내 땅이라고 표시를 하는 어머니∥ 작은 땅에도/ 유채꽃 피면 노랑 나비 떼 날아오고/ 남해 바다에도 심장을 흔드는 꽃물결도 칩니다∥ (중략)∥ 닳도록 만져도 그리움은 바라지 않아 자꾸만,/ 가슴에 돌무덤이 쌓여 갑니다∥ 언제쯤 에메랄드빛 돌이 될까/ 언제쯤 바다를 닮은 돌 하나 가질 수 있을까∥ 출렁이는 가슴에서 돌탑이 무너지고 있었습니다.

—〈돌〉일부


  문을 열어 두면∥ 갇혀 있던 마음들이 들어오고/ 두렵고 슬픈 생의 영혼이 다녀간다∥ 열어 두면 자유롭다∥ 저 혼자 오고 가며/ 자취도 남기지 않고 바람처럼 다녀간다∥ 생의 모든 것을 받아들이는/ 문을 열어 둔다.

—〈문을 열어 두면〉전문


  끝을 곧추세우고 섰다/ 봄을 캐 보려는 게지/ 냉이, 쑥 그리고 온통 꽃 피운 봄을 담으려는 게지/ 뾰족한 끝을 땅으로 묻으며/ 제 몸은 닳아지고, 새 생명의 씨앗을 캐는 게지/ 제 몸 하나 희생하고 봄의 향기를 캐는 게지/ 하얀 냉이 꽃이 서럽게 피어도/ 눈물 닦아 주는 봄꽃들의 소박한 세상살이/ 둥글게 살아간다는 건 자신을 희생하는 것

—〈호미〉일부

남경희 시인의 그리움의 또 다른 한 축은 모성이다. 혈육의 정은 회한이 되고 필연적으로 그리움을 남긴다. 어머니의 '돌담'은 한계가 없는 희생이다. 그런가 하면 화자의 가슴에 쌓이는 '돌무덤'은 끝이 없는 그리움이다.

"언제쯤 에메랄드빛 돌이 될까/ 언제쯤 바다를 닮은 돌 하나 가질 수 있을까" 어머니와 화자의 '돌'은 다 같이 꿈을 꾸지만 참담한 현실 앞에서 가슴의 '돌탑'은 속절없이 무너져 내린다. '에메랄드빛'의 숭고함 '바다를 닮은' 무한 포용의 '돌'은 닿을 수 없는 곳에 있다.

불교적 가치관으로 보면 삶은 무상無常하고, 변하는 것은 괴로움이고, 궁극窮極이 아닌 것이다. 생의 피할 수 없는 고苦의 근원을 생로병사生老病死로 본다. 여기에 더 보탠 것이 우비고뇌遇悲苦惱다. 사랑하는 사람과 헤어지고 원수와 만나며, 원하는 것을 구하지 못하고 몸과 마음의 집착에서 생기는 괴로움을 일컬어 팔고八苦라 한다. 모두 인과의 연에 의해 만나고 헤어지고 그 업의 결과로 상실과 그리움의 지울 수 없는 상처를 남긴다. 이런 무상의 분명한 본질을 지혜의 눈으로 바라볼 때 고통은 사라지고 영혼은 정화되며 다른 차원으로 승화되는 것이다.

남경희 시인의 정서는 이런 과정을 거쳐서 정화되고 있음을 〈문을 열어 두면〉, 〈참회록〉, 〈비단향 꽃무〉 등의 작품을 통해 확인할 수 있다

 '문을 열어 두는' 행위를 통해 화자의 닫힌 내면과 외부 세계가 소통하는 것이다. 걸림이 없는 번뇌와 집착이 없는 경지는 초극이다. 닫힌 내면과 열린 우주의 합일, 우아일체宇我一體를 통해 무한한 자유를 획득하게 된다.

 시 〈호미〉를 통해 다시 봄으로 돌아온다. 그런데 '호미'는 그 호미가 아니다. 뾰족하고 날선 그런 게 아닌 '둥글게 다듬어진' 그런 호미다.

 "뾰족한 끝을 땅으로 묻으며/ 제 몸은 닳아지고, 새 생명의 씨앗을 캐는 게지/ 제 몸 하나 희생하고 봄의 향기를 캐는 게지" 놀라운 호미의 변신, 그렇다. 그것은 화자의 정서가 몰라보게 변하여 승화되고 있음이다.

 비록 호미는 '닳아지고 자신을 희생하지만' 봄의 향기를 캐는 설렘이 있지 않은가?

 냉이며 쑥 향기가 봄을 마중하는 그런 소박한 행복은 대상을 놓아 버림으로써, 서로의 자유를 인정하면서 비로소 가능해진다.

 앞서 언급한 노드롭 프라이의 말대로 시에서 상상력의 역할은 우리가 '살고 있는' 세상에서, 우리가

'살고 싶은' 세상을 꿈꾸도록 돕는 것이다. 시인은 그의 시를 통해 그의 세상을 꿈꾼다. 뿐만 아니라 우리가 공유할 더 아름답고 향기로운 세상을 창조하려는 것이다. 일일이 언급하지 못하지만 〈밥을 삼키는 이팝나무〉에서 지난 시절 우리의 자화상을, 〈너의 겨울〉, 〈경계에 서다〉, 〈모시나비 잠들다〉 등에서 완성도 높은 우수한 작품들을 읽는 독자는 놓치지 말아야 할 것이다.

〈공空〉, 〈나의 만찬〉, 〈비움〉, 〈짐〉처럼 비교적 짧은 단상短想의 시들도 반짝인다.

이번 시집 『상처 위의 꽃』 발간을 계기로 남경희 시인의 시의 지평이 더 넓고 깊어지길 바라는 마음으로 글을 마무리한다.

# 상처 위의 꽃

발행 | 2019년 3월 30일
지은이 | 남경희
펴낸이 | 김명덕
펴낸곳 | 한강출판사
홈페이지 | www.mhspace.co.kr
등록 | 1988년 1월 15일(제8-39호)
주소 | 서울시 종로구 우정국로 40-1, 4층(견지동)
전화 02-735-4257, 734-4283  팩스 02-739-4285

값 10,000원

ISBN 978-89-5794-411-0 04810
      978-89-88440-00-1 (세트)

※저자와의 협약에 의해 인지는 생략합니다.
※이 도서의 국립중앙도서관 출판예정도서목록(CIP)은 서지정보 유통지원시스템 홈페이지(http://seoji.nl.go.kr)와 국가자료공동목록시스템(http://www.nl.go.kr/kolisnet)에서 이용하실 수 있습니다. (CIP제어번호: CIP2019009843)